Los sacramentos
para niños

Cayetano Taberner y Santiago Díaz

Ilustrado por Natasha López

EDICIONES PALABRA

MADRID

© Cayetano Taberner y Santiago Díaz, 2025
© Ediciones Palabra, S.A., 2025
  Ronda del Caballero de la Mancha, 59 – 28034 Madrid
  Telf.: (34) 91 350 77 20 — (34) 91 350 77 39
  www.palabra.es
  palabra@palabra.es
© Ilustraciones: Natasha López, 2025

Diseño y maquetación: Equipo editorial
ISBN: 978-84-1368-497-0
Depósito Legal: M-20677-2025
Printed in Spain – Impreso en España

Los sacramentos
para niños

Cayetano Taberner y Santiago Díaz

Ilustrado por **Natasha López**

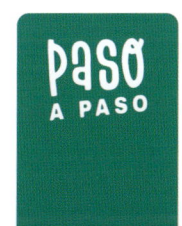

Índice

¿Qué son los sacramentos?

Seguro que en el salón de tu casa tienes un montón de fotos de tu familia: una de la boda de tus padres, otra de la fiesta de un aniversario importante de los abuelos, otra de cuando eras pequeño (de esas fotos que a lo mejor te da un poco de vergüenza que la gente vea), una de toda la familia en las vacaciones del año pasado...

Las fotos son un invento estupendo. A veces, mirándolas, dan ganas de volver a ese sitio, de vivir de nuevo aquel momento. Y quizá esto es lo mejor de las fotos: hacen que podamos traer esos instantes al presente, experimentar de nuevo lo alegres que estábamos, lo bien que nos lo pasamos, etc. Pero siempre da un poco de pena pensar que ese momento se quedó en el pasado y que quizá no vuelva nunca... ¡Si pudiéramos tener una máquina del tiempo para volver ahí!

Como en tu casa y en la mía, en la casa de Dios en el Cielo seguro que hay un salón lleno de fotos: fotos en las que aparece Él contigo y con tu familia, fotos que le encanta mirar una y otra vez. Pero como Dios lo puede todo, no se conforma con mirarlas y recordar, sino que es capaz de hacer que esos grandes momentos se repitan una y otra vez, aunque dándoles siempre un toque especial, nuevo, distinto. Eso son los sacramentos.

Dios nos quiere tanto que quiere tenernos muy, muy cerca. No se conforma con tenernos en una foto en el salón de su casa, sino que quiere estar muy presente en nuestras vidas. Y por eso Jesús, el Hijo de Dios, mientras estaba aquí en la tierra, nos dijo las maneras en que Dios iba a quedarse siempre con nosotros. Esas maneras reciben el nombre de sacramentos. Son siete: Bautismo, Confirmación, Penitencia, Eucaristía, Orden sacerdotal, Unción de enfermos y Matrimonio.

Mediante los sacramentos, Dios comparte su vida con nosotros y, a través de ellos, nos da su Gracia. La Gracia de Dios es una cosa estupenda. ¿Sabes lo que es, no? Por si acaso, te lo recuerdo: es la ayuda, la fuerza que nos da para ser cada día un poco mejores, para esforzarnos, para vencer los momentos difíciles, para pedir perdón y rectificar... Con la Gracia, nos vamos pareciendo un poquito más a Él. Impresionante, ¿verdad? Pues los sacramentos son los medios por los que Dios nos da esa Gracia.

¿Cómo lo hace? A Dios le gustan las cosas sencillas, por eso pensó en que la mejor manera de darnos su Gracia a través de los sacramentos fuera... muy sencilla. Así que en la celebración de los sacramentos se usan elementos... muy sencillos: agua, pan, vino, aceite, unas palabras, etc. Es genial que sea tan fácil recibir esa Gracia de Dios a través de los sacramentos. ¡Son un gran regalo suyo!

En este libro vamos a aprender muchas cosas de los sacramentos: cuándo habló Jesús de ellos por primera vez, para qué sirve cada uno de ellos, cómo podemos hacer para recibirlos muy bien y aprovecharlos al máximo, etc. Así conseguiremos vivir siempre muy cerca de Dios y no necesitaremos tener fotos suyas en el salón para recordarle, como si estuviera lejos o de viaje, porque mediante los sacramentos lo tendremos siempre a nuestro lado.

1. Bautismo

El bautismo en el Evangelio

Imagino que habrás oído hablar de san Juan Bautista, ¿no? Era primo de Jesús, unos pocos meses mayor que Él. Cuando se hizo mayor, Dios le pidió que se encargara de anunciar a la gente que Jesús iba a llegar pronto, por lo que tenían que estar preparados. Como cuando tu madre te dice que por la tarde va a venir una visita importante a casa y hay que ordenar bien la habitación, peinarse y esas cosas, no vaya a ser que la visita se asuste con lo que encuentra...

San Juan pensó que una buena manera de cumplir ese encargo de Dios era animando a la gente a portarse mejor y a arrepentirse de lo que hacían mal: sus pecados. San Juan se había instalado junto al río Jordán y daba muchos consejos a la gente, como cuando les decía que «el que tiene dos túnicas, que le dé al que no tiene; y el que tiene alimentos, que haga lo mismo» (*Lc* 3, 11). Y, como estaba al lado del río, para simbolizar la limpieza y el perdón de los pecados, san Juan echaba agua a la gente que quería arrepentirse, aunque sabía que eso no era suficiente, porque él no tenía poder para perdonar los pecados. Pero quería cumplir esa misión de Dios y prepararle el terreno a Jesús. Por eso decía a la gente: «Yo os bautizo con agua; pero viene el que es más poderoso que yo, a quien no soy digno de desatarle la correa de las sandalias: él os bautizará en el Espíritu Santo y en fuego» (*Lc* 3, 16).

Esto es lo que hacía... hasta que un buen día llegó Jesús. Por supuesto, san Juan lo reconoció al instante, y se quedó con la boca abierta cuando vio que Jesús mismo se ponía a la cola para ser bautizado, como uno más. ¡Como si hubiera cometido algún pecado y necesitara que lo limpiaran! Por eso, san Juan se resistía a bautizar a Jesús, y le decía: «Soy yo quien necesita ser bautizado por ti, ¿y vienes tú a mí?» (*Mt* 3, 14). Pero Jesús le dijo que no se preocupara, y que lo bautizara como si fuera uno más. San Juan accedió, y entonces... ¡pasó algo increíble! Lo cuenta san Mateo en su Evangelio: «Inmediatamente después de ser bautizado, Jesús salió del agua; y entonces se abrieron los Cielos, y vio al Espíritu de Dios que descendía en forma de paloma y venía sobre Él. Y una voz desde los Cielos dijo: "Este es mi Hijo, el amado, en quien me he complacido"» (*Mt* 3, 16-17).

Cuando Jesús se bautizó, lo cambió todo. El gesto que hacía san Juan de echar agua sobre la gente pasó de ser algo simbólico a algo real: ahora ese agua, con el sacramento del Bautismo, tenía el poder de perdonar los pecados y de hacernos hijos de Dios. Y por eso, unos cuantos años más tarde, Jesús dio a sus discípulos el encargo de bautizar a todo el mundo: «Id, pues, y haced discípulos a todas las gentes bautizándolas en el nombre del Padre y del Hijo y del Espíritu Santo» (*Mt* 28, 19).

El sacramento del Bautismo

¿Te gusta hacer algún deporte? A lo mejor estás en algún equipo en tu colegio o en un club deportivo, y, como se suele decir, has defendido ya los colores de tu colegio o de tu club. Yo me acuerdo de la primera vez que me puse la camiseta del equipo de fútbol de mi colegio: la sensación de quitar el plástico, romper la etiqueta, el olor a nuevo... Recuerdo que estaba muy orgulloso de llevar esa camiseta, quería que todo el mundo me viera con ella. Mis padres me hacían fotos, y yo me sentía como una estrella de Primera División. ¡No quería quitármela ni para dormir! Pero al final hubo que quitársela (al menos para lavarla un poco, porque si no...).

De alguna manera, mediante el Bautismo pasamos a formar parte del equipo de Dios, pero lo hacemos de una manera muy especial. Porque una persona, a lo largo de su vida, se puede cambiar muchas veces de equipo o de club deportivo... pero un cristiano, una vez que recibe el Bautismo, pasa a ser PARA SIEM-PRE miembro del «equipo» de Dios.

A través del Bautismo, Dios nos da su Gracia de varias maneras:

1. Nos hace hijos suyos, miembros de su familia, que es la Iglesia. Cuando nos bautizamos, se repite eso que pasó en el Jordán el día que Jesús se bautizó. Dios Padre nos dice: «Este es mi Hijo, el amado, en quien me he complacido».

2. Nos perdona el pecado original (el que cometieron nuestros primeros padres, Adán y Eva, y que se transmite a toda la humanidad) y todos los pecados que hayamos cometido antes de bautizarnos.

3. Abre las puertas de nuestra alma para que el Espíritu Santo viva en nosotros. ¡Nos hace ser la casa de Dios!

¿Te acuerdas de que decíamos que Dios, para darnos su Gracia en los sacramentos, utilizaba elementos muy sencillos? Pues lo que se usa en el Bautismo es lo más sencillo que existe: el agua. De manera muy similar a como san Juan Bautista hizo en el río Jordán, en el Bautismo, el sacerdote derrama agua sobre la cabeza del que se va a bautizar, mientras dice las siguientes palabras: «(Nombre de quien se va a bautizar): yo te bautizo en el nombre del Padre, y del Hijo, y del Espíritu Santo. Amén».

El Bautismo es el sacramento que abre la puerta a todos los demás, y por eso es el primero que se recibe. Muchos no recordamos nuestro Bautismo porque éramos muy, muy pequeños... ¡pero qué agradecidos tenemos que estar a nuestros padres! Porque quisieron darnos cuanto antes este gran regalo de empezar a ser Hijos de Dios, amigos muy cercanos de Jesús y casa del Espíritu Santo.

Explicación del carácter sacramental

Algunos momentos en la vida son tan importantes que son únicos, y se recuerdan de una forma muy especial: el primer día de colegio, la primera vez que montaste en bici sin ruedines, la primera vez que cogiste a tu hermanito recién nacido en brazos... ¡Son momentos irrepetibles! Con el Bautismo pasa algo parecido. Es tan importante y tan único, que deja una huella irrepetible en el alma. Esa huella se llama Carácter Sacramental. Igual que hay sacramentos que se pueden recibir más de una vez (ya lo veremos), hay otros que solo se reciben una vez, y el Bautismo es uno de ellos. Los otros son la Confirmación y el Orden sacerdotal.

2. Confirmación

La Confirmación en el Nuevo Testamento (*Hch 2*)

Si te preguntara el nombre de tus tres mejores amigos, seguro que no tendrías que pensar mucho. Pues Jesús tenía unos amigos muy especiales que se llamaban los apóstoles, y eran como sus mejores amigos en la Tierra. Jesús los quería mucho, y ellos también lo querían a Él.

Un día, Jesús les dijo que tenía que irse al Cielo, pero que no los iba a dejar solos. Les prometió que les enviaría a alguien muy especial, el Espíritu Santo, para que los ayudara y los guiara.

Pasaron unos días, y llegó una fiesta muy importante llamada Pentecostés. Todos los amigos de Jesús estaban reunidos en una casa, esperando esa promesa. De repente, ¡sucedió algo increíble! Se oyó un ruido muy fuerte, como un viento poderoso que llenaba toda la casa. Y entonces, aparecieron unas llamas de fuego que se posaron sobre cada uno de los amigos de Jesús. ¡Era el Espíritu Santo que había venido a visitarlos! Quizá te preguntes qué es eso de unas «llamas de fuego que se posan sobre los amigos de Jesús». Verás, en el Nuevo Testamento explica lo que vieron: después de que un viento entrara con fuerza en la habitación en la que estaban, unas llamas de fuego se quedaron suspendidas sobre la cabeza de cada uno de ellos. Esas llamas de fuego son una representación del Espíritu Santo.

Los amigos de Jesús se sintieron muy felices. Empezaron a hablar en idiomas que nunca habían aprendido, ¡y todos los entendían! Hablaban del amor de Jesús y de las cosas maravillosas que había hecho.

Afuera de la casa, había mucha gente de muchos países diferentes. Estaban muy sorprendidos al oír a los amigos de Jesús hablar en sus propios idiomas. ¡Era como si el Espíritu Santo les estuviera dando un regalo especial!

Pedro, uno de los amigos de Jesús, se puso de pie y les habló a todos sobre Jesús. Les contó cómo Jesús había muerto y resucitado, y cómo Dios lo amaba mucho. Mucha gente se emocionó al oír las palabras de Pedro, y decidieron creer en Jesús y seguirlo.

Ese día, muchas personas recibieron el Espíritu Santo y se unieron a la familia de Jesús. ¡Fue un día muy especial y lleno de alegría!

La Confirmación es como Pentecostés. Hoy en día, nosotros también podemos recibir el Espíritu Santo. Cuando celebramos la Confirmación, es como si tuviéramos nuestro propio Pentecostés. El obispo, que es un amigo especial de Jesús, pone sus manos sobre nosotros y nos unge con aceite, como hicieron los apóstoles.

Cuando recibimos la Confirmación, el Espíritu Santo viene a vivir en nuestros corazones. Nos da fuerza para ser valientes y seguir a Jesús. Nos ayuda a amar a Dios y a los demás, y a ser testigos de Jesús en el mundo.

El sacramento de la Confirmación

Antes, cuando hemos hablado del sacramento del Bautismo, hemos explicado lo que significa ponerse la camiseta de tu club o tu equipo de fútbol, baloncesto, hockey o el deporte que sea. Cuando quitas por primera vez la funda de plástico a la equipación y vistes los colores de tu equipo, es un momento muy especial. Pues ahora imagínate que en vez de ser un jugador más te conviertes o en titular del equipo o incluso en el capitán. A partir de ese momento, seguro que te esforzarás más y pones más garra e ilusión en cada jugada.

Recibir el sacramento de la Confirmación es ser titular de entre los cristianos. Además, recibir este sacramento nos hace soldados de Cristo, es decir, que tenemos unas ayudas especiales para vivir mejor como cristianos. Jesús espera de ellos que vivan y defiendan la fe con más fuerza que de los que no se han confirmado. Tener los colores de tu equipo y además la cinta de capitán te convierte en alguien muy especial en el equipo de Dios.

Explicación del carácter sacramental

Déjame que te cuente un breve relato para que se entienda mejor la idea.

Había una vez una niña llamada Sofía que estaba muy emocionada. Pronto iba a recibir un regalo muy especial llamado Confirmación. Ella se preguntaba: «¿Qué es exactamente la Confirmación?». Su mamá le explicó: «Cuando eras un bebé, recibiste un regalo de bienvenida a la familia de Dios. Ese regalo se llama Bautismo. Ahora, que estás creciendo y aprendiendo más sobre tu fe, la Confirmación es como abrir un regalo extra. Es un momento en el que recibes el Espíritu Santo de una manera especial». El papá de Sofía añadió: «Es como si recibieras superpoderes, pero no para volar o ser invisible. ¡Los superpoderes del Espíritu Santo te ayudan a ser valiente, a amar a los demás, a tomar buenas decisiones y a compartir tu fe con alegría!».

Sofía tenía un amigo llamado Mateo, que también se preparaba para la Confirmación. Juntos iban a las clases donde aprendían sobre la Biblia, sobre Jesús y sobre cómo el Espíritu Santo puede ayudarlos en sus vidas. Cantaban canciones, hacían dibujos y escuchaban historias sobre personas que habían sido muy valientes gracias al Espíritu Santo.

El día de la Confirmación llegó. Sofía y Mateo, vestidos con sus ropas más bonitas, fueron a la iglesia con sus familias. El obispo les habló sobre la importancia de este día. Uno a uno, llamó a los niños. Sofía sintió un poco de nervios, pero también mucha alegría. Cuando llegó su turno, se acercó al obispo con su madrina, que la había acompañado en su preparación, y el obispo puso su mano sobre la cabeza de Sofía y oró para que el Espíritu Santo la llenara de sus dones: sabiduría para entender las cosas importantes, fortaleza para hacer el bien, amor para querer a todos, y muchos más. Luego, el obispo hizo una pequeña señal de la cruz con un aceite perfumado en su frente.

Sofía sintió algo muy especial en su corazón, como una calidez y una alegría que la llenaban por completo. No podía ver al Espíritu Santo, ¡pero sabía que estaba allí, con ella!

Después de la ceremonia, Sofía y Mateo celebraron con sus familias. Sofía se sentía muy feliz y agradecida por haber recibido este regalo tan especial. Sabía que el Espíritu Santo la acompañaría siempre, ayudándola a ser una buena amiga, una buena hija y una buena cristiana. Y así, Sofía y Mateo, con la fuerza del Espíritu Santo, continuaron creciendo y aprendiendo a vivir como Jesús les enseñó, compartiendo su luz y su amor con todos los que los rodeaban.

Igual que el Bautismo imprime carácter sacramental, es decir, es para siempre y basta con recibirlo una vez en la vida, la Confirmación también imprime en el alma el carácter sacramental, deja una huella en el alma para siempre.

3. Penitencia

El sacramento de la Penitencia en el Nuevo Testamento (*Lc 15, 11-32*)

El que tiene boca se equivoca. Esto es así, siempre se cumple. Seguro que te acuerdas de la última vez que te has equivocado o te han reñido por cualquier cosa que has hecho mal o no has hecho.

En ocasiones pensamos que solo unos pocos se equivocan, pero en realidad todos nos equivocamos. Hemos de aclarar que Jesús y la Virgen María nunca se equivocaron. El resto sí. Desde que Adán y Eva, según el relato de la creación escrito en el libro del Génesis, comieron del árbol prohibido, los hombres y las mujeres no han dejado de estar muy equivocados.

Te cuento una historia del Nuevo Testamento, del Evangelio de Lucas 15, 11-32, que ayuda a entender qué es eso del perdón.

Había una vez un hombre muy rico que tenía dos hijos. El hijo menor era un poco travieso y un día le dijo a su padre: «Papá, quiero mi parte de la herencia ahora, no quiero esperar a que te hagas mayor». El padre, aunque le dio mucha tristeza, decidió darle lo que pedía. El hijo menor, con todo el dinero, se fue a una ciudad muy, muy lejana. Allí se dedicó a gastarlo todo en fiestas, ropa elegante y con amigos que solo estaban con él por su dinero. ¡Se olvidó por completo de su familia y de lo importante que es ahorrar! Pero, como era de esperarse, el dinero se le acabó rapidísimo. Y para colmo, hubo una gran sequía en esa ciudad, y la comida escaseaba. El joven empezó a pasar mucha hambre y necesidad. Se sentía muy solo y arrepentido.

Un día, se dio cuenta de lo tonto que había sido. «¡En mi casa, hasta los sirvientes tienen comida de sobra!», pensó. «Mejor regreso con mi papá, aunque sea para pedirle que me deje trabajar como uno de sus empleados». Y así lo hizo. Con el corazón lleno de tristeza y vergüenza, emprendió el camino de vuelta a casa.

Mientras el hijo todavía estaba lejos, su padre lo vio regresar. ¡El papá lo reconoció desde lejos! Y en lugar de enojarse, sintió una enorme alegría. Corrió a su encuentro, lo abrazó con todas sus fuerzas y lo besó una y otra vez. El hijo, arrepentido, le dijo: «Papá, he pecado contra el Cielo y contra ti. Ya no merezco ser llamado tu hijo», pero el padre no lo dejó terminar. Llamó a sus sirvientes y les dijo: «¡Rápido, traed la mejor ropa para mi hijo! Ponedle un anillo y sandalias en los pies. Preparad la mejor comida, porque mi hijo estaba perdido y ha regresado. ¡Estaba muerto, pero ahora ha vuelto a la vida!». Y hubo una gran fiesta con música y baile para celebrar el regreso del hijo menor.

Mientras tanto, el hijo mayor estaba en el campo trabajando. Al regresar, escuchó la música y preguntó a uno de los sirvientes qué pasaba. El sirviente le contó que su hermano había regresado y que su padre había organizado una gran fiesta. El hijo mayor se enfadó mucho. No podía entender por qué su padre estaba tan contento con el hijo que se había portado tan mal. No quería entrar a la fiesta. Entonces, el padre salió a buscarlo y le dijo: «Hijo mío, tú siempre estás conmigo, y todo lo mío es tuyo. Pero tu hermano estaba perdido, y lo hemos encontrado. ¡Tenemos que celebrar!».

Esta historia nos enseña que Dios es como ese padre bueno que siempre está dispuesto a perdonarnos, no importa lo que hayamos hecho. Se pone muy feliz cuando nos arrepentimos y volvemos a él. Y también nos enseña que debemos perdonar a los demás, así como Dios nos perdona a nosotros.

Explicación del carácter sacramental de la Penitencia

El sacramento de la Penitencia es una forma especial de experimentar el perdón y el amor de Dios, es como un «abrazo» de Dios que nos ayuda a recomponer nuestro corazón cuando nos equivocamos.

¿Por qué es importante la Penitencia?

Todos nos equivocamos, a veces sin querer, a veces queriendo, pero Dios siempre nos ama y quiere que volvamos a Él. La Penitencia nos da la oportunidad de:

- Reconocer nuestros errores: es el primer paso para mejorar.

- Pedir perdón a Dios: expresarle a Dios que nos arrepentimos de lo que hicimos.

- Recibir el perdón de Dios: sentir la alegría de que Dios nos ama y nos perdona.

- Proponernos mejorar: decidir, con la ayuda de Dios, que vamos a intentar no volver a cometer los mismos errores.

¿Qué pasa en la Penitencia?

1. Hablamos con el sacerdote: le contamos nuestras faltas, lo que hemos hecho mal. El sacerdote está ahí para escucharnos y darnos algún consejo para mejorar.

2. Mostramos nuestro arrepentimiento: decimos que estamos arrepentidos de haber hecho mal y que queremos mejorar.

3. El sacerdote nos da el perdón: en nombre de Dios, el sacerdote nos perdona nuestros pecados.

4. Hacemos la Penitencia: el sacerdote nos pide hacer algo pequeño, como rezar una oración, para demostrar que de verdad queremos reparar el daño que hemos causado.

En resumen, la Penitencia es un regalo maravilloso que nos da Dios para sentir su amor, su perdón y su ayuda para ser mejores cada día.

4. Eucaristía

La Eucaristía en el Nuevo Testamento

Imagina una noche súper especial. Jesús, ¡el mejor amigo de todos!, se reunió con sus amigos más cercanos, los discípulos, para compartir una cena. Era una cena de celebración para recordar cómo Dios liberó a su pueblo de la esclavitud en Egipto. Jesús sabía que pronto iba a pasar algo muy triste: iba a ser arrestado y entregado a sus enemigos. Pero, a pesar de la tristeza que sentía, quería dejarles un regalo muy especial a sus amigos, algo que les recordara siempre su amor y su presencia.

Durante la cena, Jesús tomó un pan, dio gracias a Dios por ese alimento, lo partió con sus manos y se lo dio a cada uno de sus amigos. Les dijo: «Este pan es mi cuerpo, que será entregado por vosotros». Luego tomó una copa de vino, que también era parte de la celebración de la Pascua, dio gracias a Dios por el vino, y se la pasó a los discípulos, diciendo: «Esta copa es mi sangre, que será derramada por vosotros y por todos, para el perdón de los pecados. Haced esto en memoria mía».

Con este gesto tan lleno de amor, como un abrazo gigante, Jesús nos dejó el regalo más grande que podía darnos: la Eucaristía. En cada Misa, recordamos esta cena tan especial y recibimos a Jesús mismo en el pan y el vino. Es como si Jesús nos diera un abrazo y nos dijera: «Siempre estoy contigo, en los momentos de alegría y en los momentos de tristeza. Nunca te dejaré solo».

Después de la cena, arrestaron a Jesús y lo llevaron ante las autoridades, quienes le acusaron injustamente. Le golpearon, se burlaron de él y finalmente le condenaron a morir en la cruz. Le llevaron a un lugar llamado el Calvario, que significa 'lugar de la calavera'. Allí, Jesús fue crucificado en una cruz, una forma de castigo muy cruel que se usaba en ese tiempo.

Fue un momento muy, muy triste. Jesús sufrió un montón, tanto física como emocionalmente, pero lo hizo por puro amor a nosotros. ¡Quería salvarnos del pecado, que nos separa de Dios, y darnos la oportunidad de ser amigos de Dios para siempre!

En la cruz, Jesús demostró el amor más grande que alguien puede dar: ¡dar la vida por sus amigos! Sus últimas palabras fueron de perdón para sus enemigos y de amor para su Madre y sus discípulos. Incluso en el momento de más dolor, Jesús estaba pensando en nosotros y en cómo darnos la salvación.

Quizá te preguntes: ¿Qué significa todo esto? No te preocupes, es normal que te extrañes. Pero todo tiene una explicación. La Última Cena y el Calvario están súper unidos. En la Última Cena, Jesús nos dio el regalo de su Cuerpo y su Sangre como alimento y bebida, y en el Calvario, entregó su vida por nosotros en un sacrificio de amor. Estos dos momentos nos muestran el inmenso amor que Jesús nos tiene, porque se entrega a sí mismo con su propio Cuerpo y su propia Sangre. Es un amor que no se puede medir ni comprender del todo, pero que nos llena de esperanza y alegría.

Gracias a la muerte y resurrección de Jesús, tenemos la esperanza de vivir para siempre con Dios en el Cielo. Cada vez que celebramos la Misa, recordamos la Última Cena y el Calvario, y le damos gracias a Jesús por su gran amor y por el regalo de la salvación.

El carácter sacramental de la Eucaristía

La Eucaristía es un regalo muy especial que Jesús nos dejó, ¡el más increíble de todos! Imagínate que Jesús, en la última noche que pasó con sus amigos más queridos (los apóstoles), antes de que lo arrestaran, quería hacer algo para que nunca lo olvidaran.

Fue en la Última Cena, una cena de despedida llena de amor y significado. Jesús sabía que iba a morir para salvarnos, pero su amor era tan grande que quería quedarse con nosotros de una manera muy especial.

En esa cena, Jesús tomó pan, un pan normal como el que comemos, y dio gracias a Dios por él. Luego, hizo algo asombroso: dijo que ese pan ya no era solo pan, sino que era su propio cuerpo, que se entregaba por nosotros. Era como si se metiera dentro del pan para estar siempre a nuestro lado. Y luego, tomó una copa de vino, que también era parte de la cena, y dijo que ese vino era su sangre, su sangre preciosa que derramaría para perdonar nuestros pecados y limpiarnos de todo lo malo. Les dijo a sus amigos, y nos dice a nosotros hoy, que cada vez que comamos de ese pan y bebamos de ese vino, lo hagamos para recordarlo, para sentir su presencia y su amor.

¿Y sabes qué? Cada vez que celebramos la Misa, que es la fiesta más importante de los cristianos, recordamos esa cena tan especial y recibimos a Jesús mismo en el pan y el vino. No es solo un símbolo, algo que nos recuerda a Jesús de lejos, ¡es Jesús de verdad! Él se hace presente entre nosotros con su Cuerpo y su Sangre, su alma y su divinidad. Es como si Jesús bajara del Cielo y nos abrazara uno por uno, diciéndonos al oído que siempre está con nosotros, en los momentos felices, como cuando celebramos un cumpleaños o un día especial, y también en los momentos

tristes, como cuando estamos enfermos o alguien a quien queremos se va al Cielo.

La Eucaristía es el regalo más grande que nos pudo dar, porque en ella recibimos a Dios mismo, a Jesús, que es el pan de vida y la bebida de salvación. Nos da fuerza, nos da alegría, nos da paz y nos une a todos los que creemos en Él en una gran familia de amor.

5. Orden sacerdotal

El Orden sacerdotal en el Nuevo Testamento

«Oye, dile de mi parte a tu hermano que se acuerde de recoger su habitación». Te suena esta frase, ¿verdad? O, al menos, una frase parecida. Muchas veces mamá, papá, la profesora o alguien nos dice que hagamos o digamos algo de su parte. O a lo mejor nos pide ayuda para hacer algo: cuando pasa eso, nos sentimos muy orgullosos de ser útiles y poder echar una mano a los demás.

A estas alturas del libro, ya eres bastante experto en la vida de Jesús, y te habrás dado cuenta de que no para de hacer cosas: predicar, hacer milagros, pasar tiempo con los enfermos... Jesús tiene muchas ganas de hacer cosas por los demás, ¡así de bueno es!, y los evangelistas cuentan que a veces se reunía tanta gente que quería estar con Jesús que lo apretujaban, o que no le dejaban tiempo ni siquiera para comer. Por eso, a veces Jesús les pedía a sus amigos más cercanos (los apóstoles) que le echaran una mano: por ejemplo, los mandaba delante de Él para que avisaran en los pueblos de que iría en pocos días (*Lc* 10, 1-12), o le ayudaban a repartir la comida a la gente el día que multiplicó los panes y los peces (*Jn* 6, 1-15).

Pero no solo eso... Jesús, además de pedirles ayuda en cosas sencillas, hizo mucho más: compartió con sus apóstoles su poder de hacer milagros y de curar: «Llamó a sus doce discípulos, les dio autoridad para expulsar espíritus inmundos y curar toda enfermedad y dolencia» (*Mt* 10, 1). Jesús, al darles este poder, quería que sus apóstoles actuaran en su nombre, que lo representaran. Así, cuando Él no estuviera, la gente sabría que esas personas hacían las veces de Jesús, y que, a través de ellos, seguiría cuidando de los demás, curando a los enfermos, consolando a los que estaban tristes, etc.

¡Pero aún hay más! Te suena la escena de la Última Cena, ¿verdad? (Espero que te suene, porque te la hemos contado unos capítulos más atrás cuando hemos hablado de la Eucaristía...). Pues en ese momento, Jesús dice a sus apóstoles que les da el mayor poder que habrá jamás: convertir el pan y el vino en el Cuerpo y la Sangre de Cristo. ¡Eso sí que es un milagro! Y, por eso, no lo puede hacer cualquiera: solo aquellos a los que Jesús da ese poder.

Pues eso son los sacerdotes: las personas que representan a Jesús en la tierra, a quienes les ha dado el poder de curar, perdonar los pecados en la confesión, celebrar la Misa, etc. Los sacerdotes no hacen todas esas cosas porque sean más listos o más importantes. ¡Nada de eso! Las hacen porque han recibido ese encargo directamente de Jesús. Es un gran honor, y también una gran responsabilidad: por eso hay que rezar mucho por ellos, para que sean buenos, estén muy cerca de Jesús y nos ayuden administrando los sacramentos.

Después de que Jesús subiera al Cielo, los apóstoles empezaron a cumplir ese encargo de Jesús de actuar en su nombre: ellos fueron los primeros sacerdotes católicos de la historia. Y como cada vez más personas se iban haciendo cristianas, esos primeros apóstoles, siguiendo lo que Jesús les había encargado, nombraron nuevos sacerdotes que continuaran su tarea. ¿Sabes cómo lo hacían? Les imponían las manos para que el Espíritu Santo bajara sobre ellos y les comunicara ese poder de Dios para actuar en su nombre. Y así se sigue haciendo hoy en día. Vamos a explicarlo un poco más.

El sacramento del Orden sacerdotal

¿Cómo una persona se hace sacerdote? Pues no es como apuntarse a una escuela de danza o hacerse socio de un equipo de baloncesto. Para ser sacerdote te tiene que llamar Dios, como lo hizo con sus apóstoles. En la Iglesia, cada uno tenemos nuestra misión, y todas las misiones son importantes. Imagínate un equipo de fútbol en el que todos fueran delanteros... ¡menudo lío! Tiene que haber porteros, defensas, centrocampistas, delanteros... ¡hasta suplentes que animen y puedan entrar al campo cuando los demás están cansados!

Por eso, cuando Dios elige a alguien para ser sacerdote, tiene que prepararse muy bien para cumplir su misión. Para empezar a ser sacerdote, además de rezar y estudiar mucho, hay que recibir el sacramento del Orden sacerdotal. Mediante este sacramento, Dios convierte a la persona que lo recibe en un representante suyo en la tierra y le da su poder para perdonar los pecados, celebrar la Misa, etc.

Como los demás sacramentos, el Orden sacerdotal se recibe mediante unos signos sensibles, es decir, mediante palabras, gestos y más cosas. Esos signos sensibles son principalmente dos: la imposición de las manos y la unción con óleo consagrado.

Cuando una persona recibe el Orden sacerdotal, el obispo (que como sucesor de los apóstoles es quien puede celebrar este sacramento) le pone las manos encima de la cabeza al que va a ser sacerdote. Con este gesto, el obispo pide al Espíritu Santo que descienda sobre esa persona y que le ayude en su misión de ayudar a la gente, explicar la Palabra de Dios y enseñar a todos los hombres el camino hacia el Cielo.

Después, el obispo coge el óleo consagrado y hace la señal de la cruz en las manos de la persona que va a ser sacerdote. Con este gesto, pide a Dios que las manos del nuevo sacerdote sean las manos de Cristo. Así, por ejemplo, cuando en la confesión hace la señal de la cruz para perdonar los pecados, o cuando en la Misa coge el pan y pronuncia las palabras de la Consagración, en realidad son las manos de Jesús las que están haciendo estas cosas.

6. Unción de enfermos

La Unción de enfermos en el Nuevo Testamento

A lo mejor tu madre o tu padre han dicho alguna vez de ti «que no paras quieto», que vas de un lado para otro y que te cuesta quedarte en un sitio tranquilo (salvo cuando te duermes, que luego no hay quien te levante...). Y tienen razón, porque nos gusta hacer muchas cosas, jugar, correr, saltar... ¡Como para quedarse quieto! Pues mira... a Jesús le pasaba lo mismo. No podía estarse quieto. Seguro que te has dado cuenta de que los autores de los Evangelios siempre dicen que Jesús iba de una aldea a otra, subía hacia Jerusalén, iba en barca por el lago de Genesaret... ¡No paraba quieto! Pero, si te fijas, en ese ir y venir de un sitio a otro, siempre encuentra tiempo para pararse un rato con la gente que le iba a ver. Charlaba con uno, le explicaba a otro una cosa, acompañaba a otro a su casa... ¡A Jesús le encantaba estar con la gente!

¿Sabes quiénes eran las personas con las que Jesús estaba más tiempo, con los que más le gustaba estar? Una pista: en los Evangelios se cuentan muchos milagros a esas personas: curaciones a ciegos, cojos, sordos, mudos, paralíticos... ¿Lo sabes ya? ¡Efectivamente! Aunque Jesús no para quieto e iba constantemente de un sitio a otro, siempre encontraba un momento para cuidar de los enfermos que iban a verle. Los enfermos (y los niños, por supuesto...) son las personas favoritas de Jesús. Quizá porque Jesús sabe que estar enfermo es un rollo, que se pasa mal. Y por eso buscaba a los enfermos: para hacerles compañía, distraerles, darles consuelo... y muchas veces para curarlos.

La forma que tenía Jesús de curar a los enfermos no era como lo hacen los médicos ahora, con una pastilla o una operación. Jesús, como es Dios, no necesita de eso. A veces los curaba solo con decirlo en voz alta. Esto le pasó, por ejemplo, a un paralítico que le presentaron. Jesús le dijo: «Levántate, toma tu camilla y anda» (*Mc* 2, 11), ¡y al instante el paralítico se curó!

Imagina la cara de todos los que lo vieron... Pues así con mucha gente: Jesús curaba sin parar.

Pero hubo un momento en que pidió a sus discípulos que le ayudaran a curar a los enfermos. Como había muchos sitios adonde ir, los envió de dos en dos por los pueblos de la zona. Y mira lo que les dijo antes de enviarlos: «Curad a los enfermos, resucitad a los muertos, sanad a los leprosos, expulsad a los demonios» (*Mt* 10, 8). ¡Toma ya! ¿Te imaginas la cara de los discípulos cuando Jesús se lo dijo? Habían visto muchas veces a Jesús hacer todas esas cosas, pero una cosa es verle, y otra, hacerlo uno mismo... ¡Pensarían que es imposible! Pero Jesús les dejó clara una cosa: era Él quien les daba el poder para curar y consolar a los enfermos. Y, para que quedara claro que era así, los discípulos, cuando se encontraban con un enfermo, lo que hacían era imponerle las manos (*Mc* 6, 13). De esta forma, pedían la ayuda de Dios para curar y consolar a esa persona... ¡y lo conseguían! Cuando volvieron de ese viaje, se lo contaron a Jesús absolutamente entusiasmados.

Años más tarde, después de que Jesús ascendiera al Cielo y de que el Espíritu Santo bajara sobre los apóstoles, los primeros cristianos siguieron haciendo esto. Cuando había alguien enfermo, le imponían las manos, y también le hacían la señal de la cruz con aceite consagrado. De esta manera, el enfermo recibía el consuelo y la ayuda de Dios en esos momentos tan difíciles, y a veces quedaba curado.

El sacramento de la Unción de enfermos

Creo que todos estamos de acuerdo en que estar enfermo es un rollo: hay que estar todo el día en la cama, sin poder jugar a nada divertido, con dolor de tripa... Y si encima te pones malo en días importantes (no sé si has estado enfermo el día de tu cumple... ¡no te lo recomiendo!), pues peor aún. Lo bueno es que ese tipo de enfermedades se pasan rápido: uno o dos días en la cama, y como nuevo. En muy poco tiempo volvemos a correr, a jugar y a ponernos como el quico de tarta de chocolate y cosas así. Pero a veces hay enfermedades que son un poco más graves. Esto les pasa a las personas mayores y a veces también a los niños. Y ahí sí que se pasa mal, porque son enfermedades que pueden hacer sufrir mucho. Para eso los cristianos tenemos el sacramento de la Unción de enfermos.

Como los demás sacramentos, la Unción de los enfermos es una ayuda que Dios nos da, en este caso, para que tengamos fuerzas y llevar bien la enfermedad. Lo normal es recibir la Unción de enfermos cuando una persona está muy, muy enferma, cuando puede morirse, o cuando va a tener una operación importante.

Cuando una persona pide que un sacerdote le administre este sacramento, lo que hace el sacerdote es ungirle las manos y la frente con óleo (aceite) bendecido, mientras dice unas oraciones. El efecto que tiene este sacramento en el enfermo que lo recibe es que Dios le da fuerzas, paz y ánimo para soportar bien su enfermedad. Además le da la seguridad de que con su sufrimiento también está ayudando a Jesús a cargar con su cruz. Esto es muy importante, porque, como ya sabes, con el sufrimiento y la muerte de Jesús en la cruz se nos perdonan nuestros pecados. Así, el enfermo que recibe este sacramento tiene la seguridad de que sus dolores ayudan a Jesús a salvar a la humanidad de todos sus pecados. ¡Con lo mal que lo está pasando el enfermo, saber que ese sufrimiento suyo va a hacer que mucha gente se convierta y vaya al Cielo es un gran consuelo!

Pero los efectos de este sacramento no acaban aquí... Aunque muchas veces un enfermo que pide la Unción se ha confesado antes, si no ha podido hacerlo, con este sacramento, Dios también le perdona los pecados. Incluso en ocasiones, la Unción hace que el enfermo se recupere, si Dios lo quiere.

En fin, ya ves que este sacramento es una maravilla (¡como todos los demás!). Como Dios es Padre y nos quiere un montón, lo ha pensado todo muy bien para que tengamos toda la ayuda posible cuando lo pasamos mal. Por eso, cuando seamos muy mayores y estemos muy enfermos, no nos dará ningún miedo que venga el sacerdote a darnos la Unción. ¡Al revés! Será un motivo de gran alegría, y ahí nos daremos cuenta de que la Virgen María nos ha hecho caso todas las veces que le hemos dicho eso de «ruega por nosotros, pecadores, ahora y en la hora de nuestra muerte».

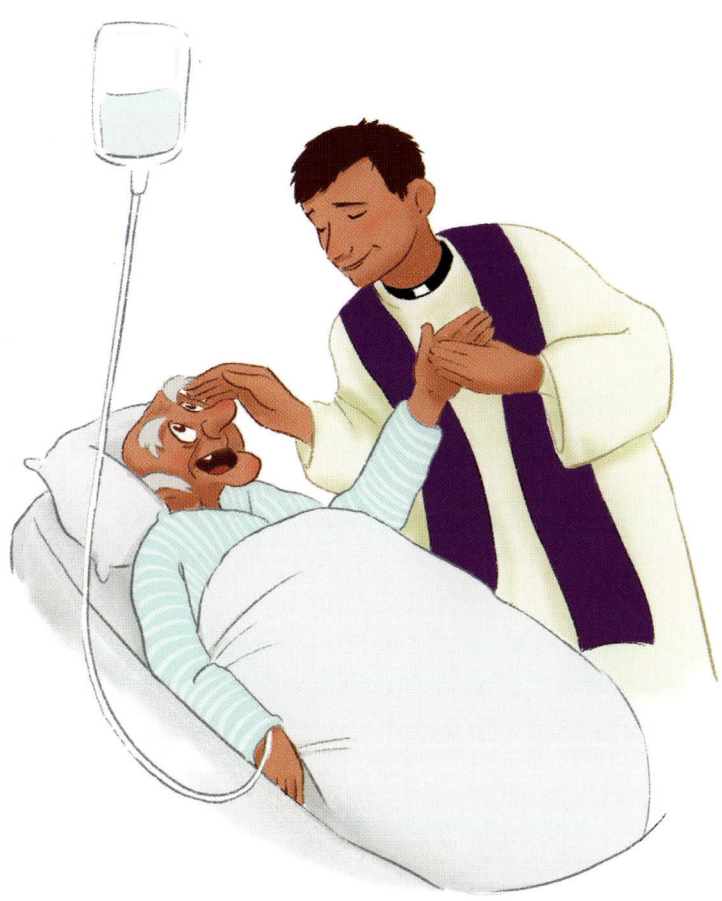

7. Matrimonio

El Matrimonio en el Nuevo Testamento

¿Has ido alguna vez a una boda? Seguro que te acuerdas de varios momentos en los que has estado con tus primos o tus amigos. Allí habrás visto cómo la gente va súper elegante y todos quieren pasárselo muy bien. Pero ¿para qué toda esa fiesta? ¿Qué hay que celebrar? Pues déjame que te cuente la historia de la boda que tuvo a los dos invitados más especiales de toda la historia de la humanidad. Esta es la historia de las Bodas de Caná.

Jesús, su madre, María, y sus amigos, los discípulos, fueron invitados a una boda en un pueblo llamado Caná. En las bodas de ese tiempo, era muy importante que hubiera suficiente vino para todos los invitados. El vino era símbolo de alegría y celebración, y no tener suficiente vino podía arruinar la fiesta. Supongo que ya te imaginarás qué es lo que faltó. Efectivamente, ¡se acabó el vino! Imagínate la vergüenza y la tristeza de los novios. Era como si, de repente, se fuera la luz en una fiesta de cumpleaños.

La madre de Jesús, que era muy observadora y compasiva, se dio cuenta del problema y le dijo a Jesús con preocupación: «No tienen vino». Jesús le respondió con unas palabras que al principio pueden sonar un poco extrañas, pero luego María, con su gran fe, les dijo a los sirvientes: «Haced lo que él os diga». Ella confiaba en que Jesús haría algo para solucionar la situación.

Jesús, con su poder divino, les pidió a los sirvientes que llenaran con agua unas tinajas grandes de piedra que se usaban para guardar el agua para la purificación de los invitados. ¡Eran tinajas enormes! Los sirvientes obedecieron y llenaron las tinajas hasta arriba sin entender muy bien qué iba a pasar. Entonces, Jesús hizo un milagro increíble, algo que solo Dios puede hacer: ¡convirtió toda esa agua en el vino más delicioso! El mejor vino que jamás habían probado.

Cuando el encargado de la fiesta, que se llamaba maestresala, probó el vino, se sorprendió muchísimo. No podía creer lo que estaba pasando. Normalmente, en las bodas, primero se servía el mejor vino, y cuando la gente ya había bebido bastante, se servía el más barato. Pero en esta boda había sucedido algo extraordinario. El maestresala le dijo al novio, sin saber de dónde venía ese vino tan bueno: «¡Todos sirven primero el mejor vino, y cuando la gente ya ha bebido bastante, sirven el de peor calidad! Pero tú has guardado el mejor vino hasta ahora». Era como si la fiesta hubiera empezado de nuevo, ¡pero con un vino aún mejor!

¿Qué nos enseña esta historia sobre el matrimonio? El amor de Dios está presente en el matrimonio. Así como Jesús estuvo presente en la boda de Caná, compartiendo la alegría de los novios y solucionando un problema, Dios está presente en el matrimonio de una pareja que se ama. Dios acompaña a los esposos en su camino, los fortalece y los ayuda a superar los momentos difíciles.

El matrimonio es una fiesta. La boda de Caná era una celebración llena de alegría, música y baile, y el matrimonio también es una fiesta, una celebración del amor de dos personas que deciden unir sus vidas. Es un día para compartir con la familia y los amigos, y para dar gracias a Dios por ese amor.

El matrimonio es para siempre: el vino que Jesús regaló era el mejor, símbolo de que el amor en el matrimonio está llamado a ser cada vez mejor y a durar para siempre. No es un amor que se acaba pronto, sino que se fortalece con el tiempo, con la paciencia, el perdón y la alegría de compartir la vida.

El matrimonio es un milagro de amor. Así como Jesús transformó el agua en vino, algo simple y ordinario en algo extraordinario y delicioso, Dios transforma el amor de dos personas en algo maravilloso y fecundo. El matrimonio es un lugar donde el amor crece, se multiplica y da frutos, como los hijos, la ayuda mutua y el servicio a los demás.

En el sacramento del Matrimonio, un hombre y una mujer se prometen amarse y respetarse todos los días de su vida, y Dios les da su bendición y su gracia, que es su ayuda especial, para que puedan cumplir esa promesa. Es un compromiso muy especial, un proyecto de amor en el que Dios siempre está presente, como en las Bodas de Caná, para sostenerlos y acompañarlos en cada paso del camino.

El carácter sacramental del Matrimonio

Cuando un hombre y una mujer cristianos deciden casarse en la iglesia, no es solo una fiesta bonita. Para ellos, es mucho más: es un sacramento. Esto significa que su unión es una señal especial del amor de Dios. Piensa en cómo Jesús ama mucho a su Iglesia (que somos todos los cristianos). Su amor es tan fuerte que nunca la abandona. Pues bien, cuando un hombre y una mujer se casan como cristianos, prometen amarse y cuidarse siempre, de una manera parecida a como Jesús ama a su Iglesia.

¿Por qué Jesús ha querido que el Matrimonio sea un sacramento? En primer lugar, Jesús lo hizo especial. Jesús enseñó que el matrimonio es una unión muy importante entre un hombre y una mujer. Él lo elevó a la categoría de sacramento, lo que significa que mediante esta unión, Dios también les da su gracia, su ayuda especial. Se hace a través de un compromiso ante Dios. Cuando se casan en la iglesia, hacen una promesa muy seria delante de Dios y de toda la comunidad. Se prometen amarse, respetarse y ayudarse durante toda su vida.

Este amor que surge del nuevo matrimonio refleja el amor de Dios. Su amor como esposos debe ser un reflejo del amor que Jesús tiene por nosotros: fuerte, fiel y que siempre busca el bien del otro. Este amor vivido como Cristo nos ama es para siempre. Así como el amor de Dios por nosotros es para siempre, la promesa que hacen los esposos en el matrimonio cristiano también es para siempre. «Lo que Dios ha unido, que no lo separe el hombre» (*Mc* 10, 9).

En resumen, casarse por la Iglesia es como recibir un regalo muy especial de Jesús para el hombre y la mujer que se aman. Con este regalo, Dios les da fuerza para amarse mucho y para siempre. Su amor se convierte en una señal del gran amor que Dios nos tiene.

Conclusión

Hasta aquí nuestro recorrido por los sacramentos. Ya hemos visto que a Dios no le sirve con dejarnos una foto o un recuerdo suyo: tiene tantas ganas de estar con nosotros, que se quiere hacer presente en cada momento de nuestra vida.

San Josemaría recordaba en cierta ocasión que «un obispo muy santo (san Manuel González), en una de sus incesantes visitas a las catequesis de su diócesis, preguntaba a los niños por qué para querer a Jesucristo hay que recibirlo a menudo en la Comunión. Nadie acertaba a responder. Al fin, un gitanillo tiznado y lleno de mugre, contestó: "¡Porque para quererlo, hay que rozarlo!"». Los sacramentos nos ayudan a querer más a Jesús, porque así «le rozamos».

Espero que este libro te haya servido para ver el cariño que Dios te tiene.

La confesión
para niños

Ilustrado por **Sara Ramiro**

2ª edición

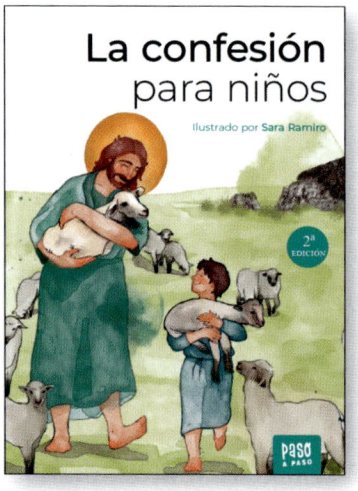

Con la Virgen
de Fátima

Enrique Jiménez Lasanta

Ilustrado por **Maribel Lechuga**

3ª edición

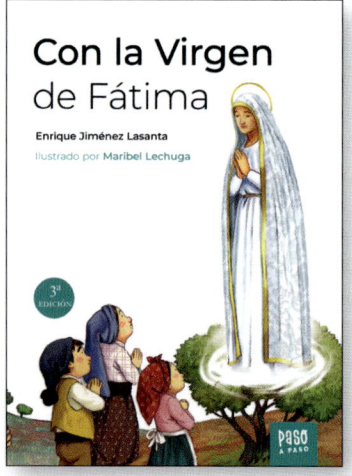

Héroes y heroínas
de las virtudes humanas

Enrique Jiménez Lasanta
Ilustrado por Maribel Lechuga
4ª edición

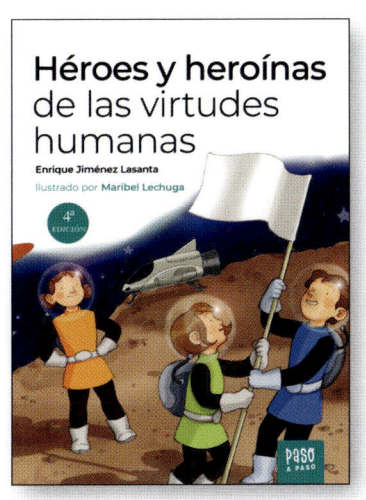

Preguntas y respuestas con Jesús
Curiosidades sobre la fe

Ricardo Regidor
Ilustrado por Natasha López